Karl Nieder

Geschichten vom Wendelstein

Impressum
ISBN: 9783752848182
Alle Rechte liegen beim Autor

Umschlagillustrationen:
Karl Nieder „Die schlafende Jungfrau von Erlkam aus gesehen", Öl, 2016
Karl Nieder „Fabelwesen am Wendelstein", Öl, 2017

Bildnachweis:
Seiten 11, 15, 16, 18, 21, 22, 25, 27:
Archiv der Wendelsteinbahn GmbH, Brannenburg
Alle anderen Bilder und Zeichnungen: aus eigenem Archiv.

Herstellung und Verlag: BoD – Books on Demand, Norderstedt 2018

Gewidmet allen Freunden des Wendelsteins.

Mein Dank gilt meinem Sohn Oliver und der Presseabteilung der
Wendelsteinbahn GmbH für die großzügige Unterstützung bei
Layout und Bildern.

Inhalt

Die Geburt des Wendelsteins 9

Beginn der Erschließung mit dem Bau des
Wendelsteinhauses 10

Das Wendelsteinkircherl 13

Der Bau der Zahnradbahn und Seilbahn 17

Die Erforschung und Erschließung der
Wendelsteinhöhle 24

Die Technik am Wendelstein 28

Besteigung des Wendelsteins durch König
Max II von Bayrischzell aus 32

Einige weitere Wege auf den Wendelstein 35

Auf Gamsjagd im Zeller Tal 37

Der Wildschütz von der Soinwand 39

Der Jager Wastl 41

Der Wuiderer Sepp und die Kathi 44

Auf Wilderer Pirsch 47

Der Geist des Jägers 50

Der Mörder von der Schlossalm 51

Der Bertl und die weiße Gams 52

Die Bergmandln von der Wendelsteinhöhle 55

Der Teufel auf der Wirtsalm 56

Der Hexentanz 58

Die Sage vom Tatzelwurm 61

Die Geburt des Wendelsteins

Die Geburt des Wendelsteins begann schon vor 230 Millionen Jahren, als sich aus Muschelschalen und Korallenablagerungen im Urozean Tethys ein Riff bildete, das vor rund 60 Millionen Jahren aus dem heutigen Mittelmeerraum quasi nach Bayern wanderte: als der urafrikanische Kontinent gegen Ureuropa drückte wurde der Meeresboden gequetscht, verfaltet und hochgehoben, der Urozean verschwand zum großen Teil und aus einem Meer wurden die Alpen. Der 1838 Meter hohe Wendelstein war geboren

Wegen seiner exponierten Lage bietet er eine sehr gute Aussicht ins bayerische Alpenvorland und ist schon von Weitem gut sichtbar, Seine charakteristische Form hat dem Wendelsteinmassiv im Volksmund den Namen „die schlafende Jungfrau" eingetragen: rechts der Gipfel als Kopf, dann die Brust und die angewinkelten Knie.

Schon in der zweiten Hälfte des 19. Jahrhunderts ist der Wendelstein einer der meistbestiegenen Gipfel der bayerischen Alpen. 1858 besuchte König Max II Bayrischzell und bestieg mit seinem Gefolge den Gipfel.

Beginn der Erschließung mit dem Bau des Wendelsteinhauses.

Die touristische Erschließung begann 1882/1883 mit dem Bau und der Eröffnung des Wendelsteinhauses, 100 Meter unterhalb des Gipfels auf 1724 m Höhe.

1881 hatte der Alpenliebhaber und Professor der Akademie der Bildenden Künste, Max Kleiber, von vier Bayrischzeller Bauern ein Tagwerk Grund (ca.2500 qm) unterhalb des Wendelsteingipfels gekauft.

Anschließend gründete er den Verein Wendelsteinhaus. Es fanden sich 170 Mitglieder, die Schuldscheine zu je 100 Mark erwarben. Damit konnte der Professor nicht nur eine Berghütte, sondern ein richtiges Berghaus errichten. Auch der damalige Deutsch – Österreichische Alpenverein unterstützte das Projekt.

Am 29. Mai 1882 wurde der Grundstein für das Wendelsteinhaus gelegt. Für die Maurer- und Zimmererarbeiten wurden Italiener eingesetzt. Bereits am 10. September, noch vor dem Winter, konnte das Richtfest gefeiert werden.

Das Wendelsteinhaus von 1883

Bis zum Frühjahr 1883 wurde der Innenausbau durchgeführt und schon am 15. Juni 1883 konnte das Wendelsteinhaus feierlich eröffnet werden.

1891 löste sich der Verein Wendelsteinhaus auf und das Haus ging in das Eigentum von Georg Böhm über. Er führte weitere Verbesserungen ein, sodaß schließlich zwei Gaststuben, 15 Zimmer mit 34 Betten und ein Matratzenlager unterm Dach zur Verfügung standen.

Das Ende jeglicher Übernachtungsmöglichkeiten war jedoch 1970 gekommen, als behördliche Auflagen für den Brand- und Katastrophenschutz der Übernachtung auf dem Wendelstein ein Ende bereiteten.

Heute bietet das Haus ein Panoramarestaurant mit 110 Sitzplätzen, ein Bierstüberl mit 60 Sitzplätzen und diverse Nebenräume, wie die Jagerstube und die Münchner Stube für Hochzeiten, Tagungen etc. Die Bergterrasse verfügt über ca. 300 Sitzplätze mit Selbstbedienung. Das Wendelsteinhaus ist ganzjährig geöffnet.

Das Wendelsteinkircherl

Seit 1889 trotzt das Wendelsteinkircherl auf der Schwaigerwand Wind und Wetter. Und das kam so: Die erste Wirtin des Wendelsteinhauses, eine Frau Rosa Krimbacher, hatte dem Professor Kleiber immer wieder geklagt: „dass ma halt da herobn des ganze Jahr in koa Kirch net kimmt."

Der Professor nahm sich der Sache an. Das Problem: der einzige Grund, der für die Kirche infrage kam, gehörte drei Bauern aus Bayrischzell. Es gelang Kleiber jedoch, die Bauern zu einer Schenkung für den Kirchenbau zu überzeugen. Für den Bau selbst befolgte der Professor sein für den Bau des Wendelsteinhauses bewährtes Konzept: er rief zu Spenden auf und tatsächlich konnte schon am 1. Juli 1889 der Grundstein für das Kircherl gelegt werden.

Die Archtektur übernahm der Professor selbst und ist damit seinem Namen als Wendelsteinvater gerecht geworden. Obwohl der Transport der Baumaterialien von Bayrischzell zum Gipfel vielerlei Probleme bereitete, konnte bereits ein Jahr nach der Grundsteinlegung, die Kirche am 20. August 1890 vom damaligen Münchner Erzbischof geweiht werden.

Sie wird vom Erzbistum München und Freising als Nebenkirche der Pfarrei Maria Himmelfahrt in Brannenburg geführt.

Gewidmet wurde das Wendelsteinkircherl der Gottesmutter Maria, der Patrona Bavariae. Um die in Glasmalerei angefertigten Kirchenfenster und das Kreuz machten sich viele Spender verdient.

Besonders verdient machte sich der Geistliche Korbinian Obermaier, der mehr als vier Jahrzehnte lang jeden Sonn- und Feiertag in diese Kirche kam, um die Messe zu lesen – allerdings erst ab 1912, als die Zahnradbahn schon fertig war. Doch ist er trotzdem als Wendelsteinpfarrer in die Berggeschichte eingegangen.

Dank der Bahn dauerte es nicht lange, bis sich zur Christmette und dem Gottesdienst zur Silvesternacht viele Bergfreunde auf dem Wendelstein einfanden. Auch viele Hochzeiten und Taufen fanden und finden auf dem Wendelstein statt.

Häufig wird das Wendelstein Kircherl auch als Wendelsteinkapelle bezeichnet. Das ist insofern irreführend als es neben der Kirche tatsächlich noch eine Wendelsteinkapelle gibt. Diese befindet sich auf

Bauarbeiten Wendelsteinkircherl anno 1889

Die fertige Kirche

dem Gipfel. Dieser kleine Holzbau ist dem heiligen Wendelin gewidmet. Durch den Bau der Kapelle hat der Bauer Georg Klarer im Jahre 1718 – so wird berichtet – ein Gelübde erfüllt, das er für die Rückkehr seiner verschollenen Rösser geleistet hatte.

Wendelinkapelle am Gipfel um 1920

Der Bau der Zahnradbahn und der Seilbahn

Der Bau war eine Vision von Otto von Steinbeis ein aus Baden-Württemberg stammender Unternehmer, der seit 1863 der Wendelsteinregion verbunden war. Der in der Holzwirtschaft tätige Kaufmann sammelte seine Erfahrungen mit der für die österreichische Regierung durchgeführten Erschließung der „bosnischen Urwälder". Hierzu errichtete er ein System von Schmalspurbahnen zum Abtransport des Holzes.

Diese Aktivitaten kamen ihm für seine Pläne zum Bau einer Wendelsteinbahn zunutze. Im Herbst 1908 gab Otto von Steinbeis seinen Plan bekannt, von Brannenburg aus eine Zahnradbahn auf den Wendelstein zu bauen. Kaum waren die Pläne bekannt geworden, tauchten Gegenargumente auf, vor allem von den Almbauern, die um ihre Existenz fürchteten. Während der Deutsch – Österreichische Alpenverein dem Projekt positiv gegenüberstand, waren die Stimmen der Gegner nicht zu überhören: „wegen dene paar Leit, die zu faul sind, hinaufzusteigen, verschandelst Du unsere Bergwelt".

Otto von Steinbeis

Da in der Schweiz jedoch bereits Bergbahnen und luxuriöse Berghotels florierten, wurden die Stimmrn allmählich leiser. Die Mehrheit sprach sich schließlich für die Wendelsteinbahn aus, da man „nicht hinter der Rigibahn in der Schweiz zurückstehen wollte".

Am 4. Februar 1910 wurde die Diskussion beendet, als Bayerns Prinzregent Luitpold die Konzession unterschrieb. Der vorsorgliche Steinbeis hatte bereits vorher große Teile des für den Bau erforderlichen Geländes erworben.

Die von Brannenburg aus weitgehend über die Ostflanke des Berges führende Strecke weist sieben Tunnel, acht Galerien und zwölf Brücken auf. Auf eine Länge von gut 500 Metern besteht Lawinenverbauung. Um den Betrieb auch im Winter zu ermöglichen, wurde statt der topografisch wenig problematischen Strecke entlang der Mitter- und Reindler- Almen eine aufwendige Trasse entlang der steilen Felswände des Wildalpjochs und des Soins gewählt.

Baubeginn war am 29. März 1910. Über zwei Jahre waren nun rund 800 Arbeiter aus Bosnien und Italien unter schwersten Bedingungen im Einsatz.

Die gewählte Trasse war eine große Herausforderung. Unter großen Strapazen schufen die Arbeiter die damals noch 10 km lange Strecke.

Die Bohrlöcher für die Sprengungen mussten mit der Hand geschlagen werden, wobei die Arbeiter oft angeseilt in der Felswand hingen. Insgesamt wurden 35.000 kg Sprengstoff verbraucht. Das herausragendste Bauwerk war die sogenannte „Hohe Mauer".

Allein für diese Mauer, ein 127 Meter langer und 17 Meter hoher Damm kurz vor dem Bergbahnhof wurden 10.000 Kubikmeter behauenes Gestein verbaut.

Am 12. Mai 1912 befuhr der erste Zug die Strecke. Die Begeisterung war groß. Schon im ersten Jahr fuhren 36000 Personen mit der Zahnradbahn auf den Wendelstein. Als der Talbahnhof von Brannenburg in den Ortsteil Waching verlegt wurde, verkürzte sich die Fahrzeit von 75 auf 55 Minuten, sodaß man einen Stundentakt einführen konnte. Auch die Wegstrecke verkürzte sich auf 7,66 km, wobei die Zahnstangenstrecke mit 6,15 km gleich blieb.

Wendelsteinbahn Bauarbeiten 1910 – 1912

Wendelsteinbahn Bausprengarbeiten

Eröffnung der Zahnradbahn

Die Seilbahn mit „Gacher Blick"

Ab 1987 wurde die Bahn für 17 Millionen DM aufwendig modernisiert. Nach Abschluß der Arbeiten war die Kapazität der Bahn nahezu verdoppelt und die Fahrzeit hatte sich auf 25 Minuten für die Bergfahrt und 35 Minuten für die Talfahrt verringert.

Der ständig steigende Andrang auf die Zahnradbahn führte 1968 zur Errichtung einer Seilbahn, die bereits 1970 eröffnet werden konnte.

Von der Talstation in Osterhofen in knapp 800 Meter Höhe führt die Bahn in nur 6 Minuten auf die 1724 Meter hohe Bergstation und überwindet auf einer Länge von 3 Kilometern eine Höhendifferenz von fast 1000 Meter, wobei lediglich eine 75 Meter hohe Stütze notwendig ist.

Die Erforschung und Erschließung der Wendelsteinhöhle

Zu den Naturphänomenen des Wendelsteins gehört auch eine Höhle, die tief in das Massiv führt. In ihr befindet sich mit dem „Dom" ein ca. 17 Meter hoher Raum von dem weitere Gänge abzweigen.

Nach dem Bau der Bahn wurde die Wendelsteinhöhle 1921 für Besucher erschlossen. Angeblich wurde die Höhle schon 1864 von einem unbekannten Bayrischzeller entdeckt.

Max Kleiber war es, der als erster 1882 die Höhle erkundigte. Er erreichte auch den Dom und stellte dort ein Holzkreuz auf.

Die erste Vermessung fand aber erst 1921 statt, nachdem in München eine Gesellschaft für Höhlenkunde gegründet war. 1962 sprengte man einen künstlichen Stollen in die Höhle, der den Zugang wesentlich erleichterte. Von da an wurde die Höhle zu einer Besucherattraktion.

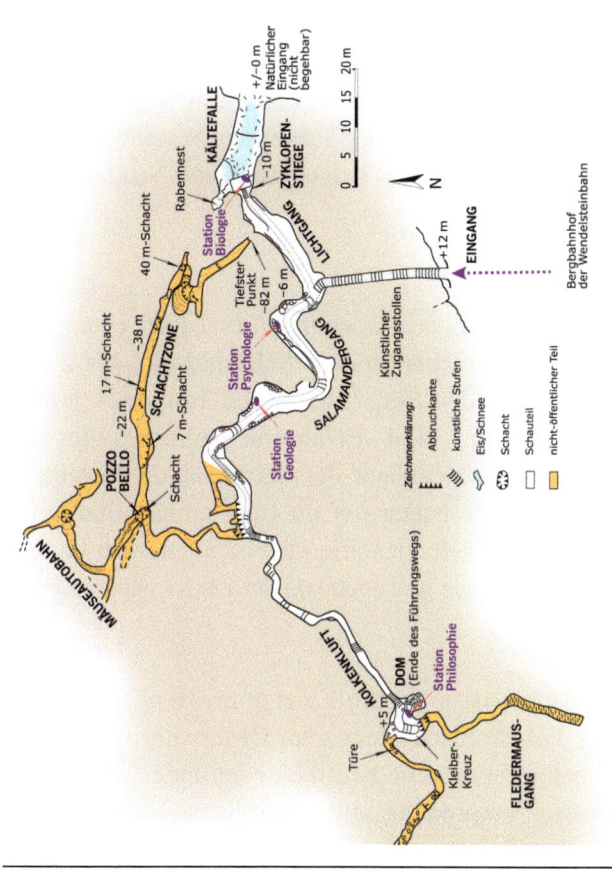

Orientierungsplan Wendelsteinhöhle

25

Die Karsthöhle auf 1711 Meter Seehöhe ist die höchste Schauhöhle Deutschlands, Von der Gesamtlänge von 573 Metern sind 170 Meter für die Besucher zugänglich. 2011 hat ein Relaunch des Schaubetriebes stattgefunden, mit Neubeschilderung, Beleuchtung und Neugestaltung der Wege.

Die Höhle bietet aber noch mehr. Erst 1989 entdeckten die Höhlenforscher weitere Schächte, die bis zu 90 Meter tief in den Berg führen, und Teil eines ganzen Höhlensystems sind. Erfahrene Höhlengänger des Vereins für Höhlenkunde dokumentieren die Eisbildung im Innern. Sie haben tief im Berg einen glitzernden Palast aus Eis gefunden. Riesige Eiszapfen wachsen vom Boden nach oben und auch von der Decke nach unten.

Die Höhle ist nicht die Einzige im Berg. Beim Bau eines Fahrstuhlschachtes zum Observatorium, wurde auf halber Höhe eine Klufthöhle gefunden, die vorher keinerlei Verbindung mit der Außenwelt hatte. Auch kleinere Höhlen gibt es, so kommt man z.B. an der Reindlscharte an einer kleineren Höhle mit mehreren Eingängen vorbei.

Die Wendelsteinhöhle Eingang

Die Schauhöhle interaktive Station Geologie

Die Technik am Wendelstein

Sternwarte und Observatorium

Die Sternwarte wurde 1939 von Otto Kiepenheuer als
Sonnenobservatorium gegründet. Das Militär übernahm
1941. Durch Beobachtung der Sonnenaktivität sollte eine
möglichst genaue Vorhersage der optimalen Frequenzen
für den Funkverkehr ermöglicht werden.

Nach dem Krieg wurde die Anlage von den Amerikanern
übernommen. Seit 1949 gehört die Anlage zur Universität
München. Wegen der zunehmenden Luftverschmutzung
wurde die wissenschaftliche Sonnenbeobachtung in den
80er Jahren eingestellt.

Seitdem konzentriet man sich auf die Beobachtung
des nächtlichen Himmels. 1988 wurde das erste
Spiegelteleskop mit 80 cm Öffnung installiert und nach
20 Jahren Betrieb wieder abgebaut. Ein neues 2 Meter
Teleskop mit modernster Technik ausgestattet, das
sogenannte Fraunhofer Teleskop, ist ab 2012 im Einsatz.

Wetterwarte

Die Wetterverhältnisse auf dem Wendelstein waren für Meteorologen wegen der auftretenden Extremwerte, wie Temperaturstürze, Orkane mit bis zu 259 kmh, erhebliche Schneemengen mit hoher Lawinengefahr schon immer interessant.

Anfangs war es der Wirt des Wendelsteinhauses der dreimal täglich Luftdruck, Temperatur, Luftfeuchtigkeit Windstärke und Richtung notierte.

Ab 1962 bekam die Wetterbeobachtung ihr eigenes Gebäude. Von dort wurden die Daten zur globalen Auswertung an die Zentrale des Deutschen Wetterdienstes in Offenbach weitergeleitet. Aufgrund der exponierten Lage spielte die Station eine wesentliche Rolle bei der Wetterbeobachtung mit Warnungen vor Gewitterstürmen oder Hagelzellen. Aus Kostengründen entschied der Deutsche Wetterdienst 2012 die Station auf dem Wendelstein aufzugeben.

Zur Einschätzung der Lawinensituation am Wendelstein, wurden allerdings 2013 von der Lawinenwarnzentrale automatische Messstationen errichtet, die automatisierte Daten liefern.

Sendestation

Am 6. November 1954 war sozusagen Premiere. Am Sender Wendelstein ging das Fernsehen auf Sendung. Heute ist der höchstgelegene BR – Senderstandort nicht nur ein wichtiger Grundnetzsender des bayernweiten Netzes, sondern auch die Kontrollzentrale für die Verbreitung der BR – Programme.

Unterhalb des Gipfels wurde ein eigenes Stationsgebäude errichtet. Schwierige Baumaßnahmen waren zu bewältigen, Erst nach Wochen Schwerstarbeit gelang es, die ausgerollten, tonnenschweren Kabel auf Holzschlitten über die Gleise der Zahnradbahn mit Zugmaschinen hochzuziehen. Das letzte Steilstück vom Stationsgebäude zur Antenne auf dem Gipfel musste über eine hölzerne Rutsche hochgezogen werden.

Die Anlage spielt für die Fernseh- und Radioversorgung in Bayern eine herausragende Rolle. Seit 2011 hat hier auch die Servicezentrale für das gesamte Sendernetz des BR ihren Sitz. Mehrere Techniker kontrollieren im Schichtbetrieb die Übertragung der Radio – und Fernsehprogramme des BR rund um die Uhr.

Geopark mit Gipfel- und Panoramaweg

Mehrere wunderschöne Wanderwege führen durch das Gebiet. Zu erwähnen ist insbesondere der Geopark mit Gipfel – und Panoramaweg. Unterhalb des Wendelsteinkircherls geht es links am Gebäude des Bayerischen Rundfunks vorbei in Serpentinen und teils über Treppen hinauf auf den Gipfel. Entlang des Weges veranschaulichen Infotafeln des Geoparks die Entstehungsgeschichte des Wendelsteins.

Zurück geht's über den Panoramaweg, der kurz unterhalb des Gipfels am sogenannten Ostgipfel vorbei wieder zur Bergstation führt. Die Wege sind im Winter wegen Lawinen- und Absturzgefahr gesperrt.

Viele Wege führen auf den Wendelstein, einer davon, von Bayrischzell auf den Gipfel, ist König Max vorbehalten.

Besteigung des Wendelsteins durch König Max II von Bayrischzell aus

Der bayerische König Maximilian Joseph, kurz Max II, war ein fortschrittlicher Regent, er förderte Wirtschaft und Kultur und hob die bisher bestehenden Klassenvorrechte auf, die Bauern wurden Herr auf ihrem Grund und Boden.

Für den Wendelstein bedeutsam wurde die Besteigung durch den König am 14. Juli 1858. Der Wendelstein wurde sozusagen ein „Königlicher Berg". Der sogenannte König – Maximilian –Weg führt von Bayrischzell über die Wendelsteiner Almen und die Zeller Scharte zum Gipfel.

Majestät und Gefolge hatten in Bayrischzell übernachtet und sich unter Führung des Bayrischzellers Bürgermeisters und vieler Bayrischzeller am frühen Morgen auf den Weg gemacht.

Der Bürgermeister hatte sich eine besondere Überraschung ausgedacht: zwei junge einheimische Sängerinnen huschten voraus, um bei jeden Verschnaufer des Königs das von einem

Birkensteiner Lehrer gedichtete Wendelsteinlied immer wieder anzustimmen, bis der Gipfel erreicht war: „wos kloa Kircherl steht unds Wölkerl umigeht.."

Nach vier Stunden war die Gesellschaft auf dem Gipfel.. Da es noch keine Unterkunftsmöglichkeit gab, wurde auf einer Alm ein königliches Menü mit Champagner aufgetischt..

Der König war von dem Gesang der beiden Mädchen so begeistert, dass er sie zu seiner Tafel einlud. Es war schon ein besonderes Bild: zur Linken und Rechten seiner Majestät saßen die beiden Mädchen aus Bayrischzell. Sie bildeten wie die Alpenrosen einen wahren Schmuck für die Tafel und gaben sich schlicht und natürlich, wie sie waren.

Maximilians Vater, Ludwig I, hätte die beiden nicht, wie sein Sohn nur zum Diner eingeladen, sondern sie natürlich für seine Schönheitsgalerie in Nymphenburg malen lassen.

Aber das Diner auf der Alm war, wie ein Chronist berichtet, doch auch schon was besonderes: „Als die Tafel unter den Augen des erfahrenen Küchenmeisters sorgfältig gedeckt war, mit prächtigen Alpenrosen geschmückt und von Kristall und Silber blitzend, mochte vielen der Gedanke kommen, dass wohl nie ein Königsgelage so viel geboten hat, als dieses auf der grünen Hochalm des Wendelsteins."

Einige weitere Wege auf den Wendelstein

Für die kurze Strecke bietet sich der Weg von der Passhöhe Sudelfeld über die Wendelsteiner Almen, mit einer Gehzeit von etwa eineinhalb Stunden an. Andere Wege sind schon zeitaufwendiger, die hier nur kurz skizziert werden:.

von Brannenburg

Ausgangspunkt ist die Talstation der Zahnradbahn im Ortsteil Waching. Von hier folgt man den Weg Richtung St. Margarethen und über die Schönleite Richtung Aipl. Hier treffen sich die Züge vom Tal und vom Berg. Unterhalb der Hochsalwand – rechts der Bahnstrecke – geht es auf die 1161 Meter hohe Mitteralm. Jetzt beginnt das steilste Stück. Unterhalb der Soinwand, in deren Tunnel jetzt die Bahn verschwindet, geht es zur 1430 Meter hohen Reindleralm, von wo aus der Weg in Serpentinen aufwärts zum Gipfelbahnhof führt (ca. 5 Stunden).

von Fischbachau

Von Fischbachau zunächst zur Wallfahrt Maria Birkenstein. Von dort über Wiese und Hochwald zur Spitzingalm, weiter zum Kamm zwischen Schweinsberg und Wendelstein und über die Durhamer und Elbacher Alm zum Wendelsteinhaus (gut 3 Stunden) oder über den Breitensteingipfel (ca. 4 Stunden).

von Bad Feilnbach

Von Bad Feilnbach geht es durch das Jenbachtal aufwärts zur Maieralm und Wirtsalm und schließlich zur Winterstube. Nach der Überquerung des Jenbachs links zur Reindler Scharte, einem Sattel zwischen Haidwand und Wendelstein, und schließlich unter den Westwänden des Wendelsteins zu der von Bayrischzell heraufkommenden Route auf den Gipfel (gut 5 Stunden).

Neben der Bergsteigerei spielte früher die Jagd im Wendelsteingebiet eine wichtige Rolle, um die sich naturgemäß viele Geschichten ranken.

Auf Gamsjagd im Zeller Tal

Herzog Maximilian machte die Zithermusik in Bayern hoffähig und erhielt deshalb den Spitznamen Zither Maxl. Er fühlte sich nicht nur in Possenhofen am Starnberger See wohl, sondern auch beim Sollacher in Zell bei der Jagd. Seine beiden Kinder Elisabeth (Sissi) und Karl Throdor hatte er schon von frühester Jugend an mit auf die Pirsch beim Sollacher genommen. Das war auch später so.

Als Kaiserin von Österreich hatte es Sissi wieder mal in der Wiener Hofburg nicht ausgehalten und war nach Possenhofen gefahren. Als Kaiser Franz von Sissis Abwesenheit erfuhr, beschloß er, ihr nachzureisen.

Da das herbstliche Gamstreiben im Zeller Tal bevorstand, entschloß sich Sissis Bruder, Karl Theodor – so wird berichtet – seinen Schwager, den österreichischen Kaiser am 14. August 1877 zur Gamsjagd einzuladen.

Josef Sollacher wurde die Leitung der Hofjagd übertragen. Die Knechte der Zeller Bauern kamen zu ihm, damit er sie als Treiber anstellte. Sie sollten dann mit einem Trinkgeld und dem Treiberschmaus während und nach der Jagd belohnt werden.

Der Aufbruch zur Jagd begann schon am 13. August. Mit kleinem Gefolge ging es am Soinsee vorbei zur Alm, die für seine kaiserliche Hoheit und Sissi hergerichtet wurde. In einer benachbarten Hütte besprach Josef Sollacher den Ablauf der Jagd und das sogenannte Riegeln mit seinen Jagdhelfern.

Sie mussten schon lange vor Sonnenaufgang aufbrechen, um im Dunkel der Nacht geräuscharm den Felsgrat zu erreichen, um den Gamsen bei den ersten Sonnenstrahlen den Weg abzuschneiden. Dies musste gut vorbereitet sein, damit man dem Gast die Tiere langsam zutreiben konnte. Am späten Nachmittag konnte der Kaiser die siebte Gams als Abschuß melden. Selbstverständlich soll das Trinkgeld für die Zeller Jagdhelfer entsprechend kaiserlich ausgefallen sein.

Wo es Jäger gibt und wo gejagt wird, gibt es natürlich auch Wilderer und davon können die Leute vom Wendelstein einiges erzählen.

Der Wildschütz von der Soinwand

Vor vielen Jahren lebte am Soinsee ein leidenschaftlicher Wilderer, der Girgl. Als einmal alle Jäger des Jagdreviers an Maria Himmelfahrt in der Kirche im Tal waren, pirschte der Girgl auf den Bergweiden umher und legte sich auf die Lauer.

Da tauchte plötzlich ein kapitaler Gamsbock auf. Um zum Schuß zu kommen, verfolgte der Girgl die Gams über Stock und Stein. In seinem Eifer hatte der Wildschütz sich in den schroffen Felswänden so verstiegen, dass er keinen Rückweg mehr fand.

Lange musste er schreien, bis ihn ein Wanderer bemerkte. Aber die herbeigeeilten Retter konnten ihn nicht aus seiner Lage befreien, da die Wand unersteigbar war. Auf sein Flehen kam ein Pfarrer aus Bayrischzell herauf, konnte ihm aber die Beichte wegen der Unwegsamkeit des Geländes nicht abnehmen. Und so stürzte sich der Girgl in seiner Verzweiflung von der Wand hinunter. Trotz seiner Wilderei bekam er noch ein feierliches Begräbnis.

Der Girgl hat sich verstiegen

Der Jager Wastl

Der Wastl war ein Nachkomme aus einer Jägerfamilie, was ihm den Spitznamen Jager Wastl einbrachte. Er war ein leidenschaftlicher Schütze und obwohl Jagerblut in seinen Adern floß, ging er gerne zum Wildern, um sich einen Gamsbock zu schießen.

So auch am frühen Morgen des 30. November 1948. Seiner Frau hatte er hoch und heilig versprochen: „heit is des letzte moi." Er verließ das Zeller Tal und ging auf dem Weg, der zum Wildalpjoch führte.

Dort pirschte er auf ein Gamsrudel, das sich nach den ersten Sonnenstrahlen zu regen begann. Schnell kam er zum Schuß auf einen prächtigen Gamsbock, der mit einem treffsicheren Blattschuß erledigt wurde. Er begann sofort, das Tier aufzubrechen, als ein weiterer Schuß fiel.

Der Revierjäger hatte ihn erwischt. Der Wastl verkroch sich in den Kiefernlatschen und der Jäger meinte, ihn verfehlt zu haben, verständigte aber die Bergwacht, die sich sofort auf die Suche machte und ihn schließlich in seinem Versteck fand, wo er verblutet war.

Der Wastl wurde unter großer Beteiligung der Bevölkerung zu Grabe getragen. Keiner bezweifelte, dass er gelegentlich auf die Pirsch ging, um sich „einen Gamsbart zu brocken", aber man hielt ihn nicht für einen Wilderer im üblichen Sinn.

Der Jäger und der Wastl mit der Gams

Der Wuiderer Sepp und die Kathi

Der Sepp war ein fescher Bursch, der sich gerne bei den Kellnerinnen in den Wirtschaften herumtrieb. Joppe und Hose standen ihm wie angegossen. Den Hut hatte er immer etwas schief aufgesetzt, sodaß die Spielhahnfedern nach vorne schauten.

Alles an dem schneidigen Burschen deutete auf Mut, vielleicht auch Tollkühnheit hin. Das gefiel den Frauen, vor allem da die Wilderei seinerzeit als Kavaliersdelikt galt und der Wilderer in den hungrigen Zeiten eine Art Robin Hood Rolle einnahm. Seinen dunklen Augen konnte kaum eine widerstehen.

So hatte der Sepp immer gute Chancen bei den Frauen, auch bei der Kathi, der Kellnerin vom Kreuzwirt. Der murrte: „die ganze Wirtschaft voller Leut und die Kathi wieder net da". „Schau wo der Sepp is, da wird die Kathi net weit sei", meinte ein Gast.

Und der hatte richtig geraten. In einem dunklen Winkel stand die Kellnerin, den Kopf an die Schulter des Sepp gelehnt. „Sepp ist es Dir auch wirklich ernst ?", fragte sie flüsternd. Er : „ja wenn ich's Dir sag, i hab Di doch zum Fressen gern" . Sie: „und heiraten tust Du doch

Der Wuiderer Sepp – ein fescher Bursch

eine andere". Er: „geh, wer wird denn scho ans Heiraten denken." Sie: „allen Dirndln läufst Du nach, ich hab es schon gehört". Er: „oder sie mir, was kann ich dafür. Aber hab keine Angst Kathi, ich bleib Dir treu."

Treubleiben, das hat noch Zeit, dachte der Sepp, das lässt sich tun, wenn man einmal verheiratet ist. Wird dann langweilig genug werden. Was die Weiberleut doch alles verlangen.

Auf Wilderer Pirsch

Am frühen Morgen saß der Jäger Hygin beim Frühstück, um dann zu seinem ersten Gang aufzubrechen. Als ein Schuß fiel, wurde Hygin jäh aus seinen Gedanken gerissen. Der Schuß muß aus der Hochsalwand gekommen sein.

Hygin griff zu Gewehr und Rucksack, rannte zum Hang oberhalb des Forsthauses und versuchte den geraden Aufstieg. Dabei ging ihm alles mögliche durch den Kopf „wer hat geschossen, was hat er geschossen, kann ich ihn stellen?"

An der Wand angekommen, suchte Hygin diese mit dem Fernglas ab. Er konnte lange nichts finden. Doch, da waren Reste, die von einem frisch geschossenen Hirschen stammen mussten. Hygin zu sich: „des war Dei letzter Hirsch, Du Lump, jetzt gehörst Du mir.

Er folgte der Spur, die zu einem dichten Gehölz führte. Hatte der Wilderer den Hirschen da hineingezogen?

Jager Hygin versucht den geraden Aufstieg

Er kam dem Wild immer näher und war jetzt offenbar seinem Ziel ganz nahe, als plötzlich ein Schuß fiel. Er war knapp an Hygin vorbei gegangen. Jetzt blieb dem Jäger nichts mehr übrig, als weg zu kriechen.

Auf schnellstem Wege stieg er ab, um Hilfe zu holen. Als wenig später Jagdhelfer das Gehölz umstellen wollten, sprangen plötzlich zwei Gestalten mit rußgeschwärzten Gesichtern aus dem Dickicht und entkamen unerkannt.

Der Geist des Jägers

Einst lebte auf der Soinalm eine Sennerin, ein
bildhübsches Mädel, die Marei. Jeden Sonn – und
Feiertag kehrte bei ihr ein Holzknecht ein. Die ganze
Woche freute sich die Sennerin auf diesen Tag, der
schneidige Bursch hatte ihr die Ehe versprochen.

Der hübschen Sennerin stellte aber auch ein Jäger nach,
obwohl sie ihn schon mehrmals abgewiesen hatte. Voller
Eifersucht verfolgte er den Holzknecht, den er auch der
Wilderei verdächtigte. Er überlegte sich, wenn ich den
Holzknecht aus dem Weg räumen könnte, würde ich die
Marei schon kriegen. Als sich die Männer dann einmal
am Soinsee begegneten, stürzte sich der Jäger auf seinen
Rivalen, erdolchte ihn und warf den Toten in die Tiefe
des Sees. Durch das Hüttenfenster rief er der Sennerin
zu: „Deinen Schatz kannst Du jetzt im Soinsee suchen.

Das Mädel ahnte Böses, bald fand sie den Hut des
Geliebten und eine Blutlache. Da stürzte sie sich
voller Verzweiflung in den See. Seitdem war der Jäger
verschwunden, bis ihn einmal Holzknechte erhängt am
Ast einer Tanne am Seeufer fanden. Die Sage erzählt,
dass der Mörder nach seinem Tod keine Ruhe fand und
sein Geist in Vollmondnächten am See umgeht.

Der Mörder von der Schlossalm

Ein weiteres Verbrechen geschah bei der Schlossalm. Ein Wilderer hatte den Jagerhias feige, hinterrücks erschossen. Holzknechte fanden den Hias auf dem Bauch liegend vor, die Kugel war von hinten gekommen.

Der Hias war auf der Pirsch im Jenbachtal gewesen und hatte kurz zuvor seine Liebste auf der Alm besucht. Als man der Sennerin den Tod ihres Liebsten meldete, brach sie zusammen.

Wohl fiel der Verdacht auf einen Bauernburschen, der sich in den Kopf gesetzt hatte, das Mädel von der Schlossalm zu erobern, obwohl er von ihr immer abgewiesen wurde.

Die Untersuchung des feigen Mordes verlief im Sande. Erst viele Jahre später, auf dem Sterbebett, gestand der Bursch, dass er den Hias mit Schrot erschossen habe, weil dieser ihm die Sennerin missgönnt hätte.

Der Bertl und die weiße Gams

In Jägerkreisen hatte es sich herumgesprochen, dass eine weiße Gams mit einem normalen Kitz unterwegs war. Das zog immer mehr Neugierige an. Sogar Touristen mit Kameras tauchten auf, um die weiße Gams zu fotografieren.

Das Gamsrudel wurde immer unruhiger, flüchtete bei der geringsten Störung und vermied oft tagelang den gewohnten Äsungsplatz. Da das Rudel keine Ruhe mehr hatte, wurde beschlossen, die weiße Gams mit ihrem Kitz abzuschießen.

Das wurde Aufgabe des Revierjägers Bertl. Die Zeit verging und immer wieder verschob der Bertl den Abschuß, in der Hoffnung, dass die Behörden den Abschuß vergessen hätten.

Dem war aber leider nicht so, er wurde daran erinnert. Wieder einmal, es war schon Herbst, hatte er die weiße Gams und ihr Kitz in der Wand entdeckt und hätte die Gams abschießen können. Nach Jägergesetz hätte er aber erst das Kitz schießen müssen. Aber welches. Die Kitze sahen alle gleich aus und kaum hatte es bei der Mutter gesäugt, sprang es wieder zu den anderen.

Bertl auf der Jagd nach der weißen Gams

So musste der Bertl sich schweren Herzens entschließen, zuerst die Mutter, die weiße Gams, zu schießen und zu warten, bis das Kitz zur verendeten Mutter zurück käme.

Noch war der Bertl zu aufgeregt und musste mehrmals anlegen, bis der Schuß krachte und die Kugel saß. Die weiße Gams überschlug sich und blieb auf dem neuen Schnee liegen. Das Rudel flüchtete und auch das Kitz war dabei.

Der Jäger litt furchtbar, ihm war bewusst, dass das Kitz ohne Mutter keine Chance hätte und ein Opfer des Winters würde. Doch nach einiger Wartezeit, kam des Junge in großen Sprüngen den Hang herunter zur toten Mutter.

Blitzschnell riß Bertl das Gewhr hoch und erwischte das Tier von der Seite.

Der Jäger , der von seinen Vorgesetzten zum Abschuß der weißen Gams beauftragt war, war lange sehr betrübt. Trotz der Sage, der Abschuß einer weißen Gams bringe den baldigen Tod, erreichte der Bertl ein hohes Alter.

Der Wendelstein ist ein idealer Sagenberg. Wenn hier Sturm und Unwetter über der Gipfel brausten, gehörte nicht viel dazu, um an Geister, Teufel, Zwerge und Ungeheuer zu glauben.

Die Bergmandln von der Wendelsteinhöhle

Die Bergmandln hausten in den Höhlen des Berges und horteten dort Schätze an Gold und Juwelen. Sie meinten es gut mit den Menschen und stiegen nachts zu den Almen ab, um den Sennerinnen manche Arbeit zu erledigen.

Nach der Arbeit ließen sie manchmal einen Goldklumpen oder einen Edelstein zurück. Dies blieb im Tal nicht verborgen, als eine vorlaute Sennerin davon erzählte.

Als die Bergmandln einmal wieder nachts auf den Almen unterwegs waren, stiegen die Talbewohner auf und rafften in der Höhle die Schätze zusammen. Doch – als sie wieder ans Tageslicht kamen, hatten die Zwerge die Schätze in Eisenerz ind Kieselsteine verwandelt.

Der Teufel auf der Wirtsalm

Es geschah einmal, als auf der Wirtsalm die Sennerinnen, Senner , Jager und Jagdgehilfen ausgelassen feierten. Lachend und singend saß man zusammen, als plötzlich die Tür aufging und ein Fremder im Jägergwand hereinkam.

Der Dackel des Försters fing angesichts des Fremden, durchdringend an zu bellen. Er gab keine Ruhe, sodaß der Förster ihn vor die Hütte schicken musste.

Schroff sagte der Fremde, er wolle einen Führer auf den Wendelstein, jetzt gleich. Den Leuten lief es eiskalt über den Rücken und sie verließen die bisher so fröhliche Runde schnell.

Aber der Neue machte keine Anstalten aufzubrechen. Vielmehr charmierte er mit der Wirtin. Diese blickte auf seine Füße und erschrak, denn unter dem Jägergwand erkannte sie die Bocksfüße, die der Teufel hat. Am liebsten wäre sie weggelaufen, aber die Beine versagten ihr den Dienst. Grinsend betrachtete der Teufel ihre Verzweiflung. Da ging plötzlich die Türe auf. Ein Pfarrer war durch das Jenbachtal heraufgewandert.

Als der Teufel das Priestergewand sah, tat es einen furchtbaren Knall und er schoß durch das Hüttenfenster davon.

Die glückliche Sennerin bewirtete den Geistlichen überreichlich.

Der Pfarrer vertreibt den Teufel

Der Hexentanz

Auf dem Weg von der Pirsch übernachtete ein Jäger in einer abgelegenen Almhütte. Es war spät im Jahr und die Sennerin war schon vor Wochen abgezogen. Müde wie er war, legte sich der Jäger auf das Heulager und fiel sofort in tiefen Schlaf.

Plötzlich wachte er auf, ein Höllenlärm hatte ihn aus dem Schlaf gerissen. Draußen tanzten Hexen, wild und ungebärdig in der hellen Mondnacht. Lauter alte und häßliche Weiber, mit Bändern, Schleifen und langen Zotteln sprangen sie wie toll im Kreise herum.

Auf einmal verstummte die wilde Musik, die Tür flog auf und die Hexen stürmten herein, machten Feuer und brieten erlesene Gerichte. Schrecklich lärmend fielen sie über das köstliche Wildbret her.

Eine der Weiber reichte dem Jager ein gewaltiges Stück Fleisch. Der Schreck fuhr ihm in die Glieder, doch griff er wohl oder übel nach dem Braten. Doch als er ihn essen wollte, fiel er plötzlich in einen tiefen Schlaf.

Hexentanz vor der Almhütte

Als er wieder aufwachte war der ganze Hexenspuk vorbei. Genauso wie sie gekommen waren, waren sie wieder verschwunden. Der Braten lag noch auf dem Herd. Hungrig wie er war, wollte er hineinbeißen, warf ihn aber sofort in die Ecke, denn aus dem köstlichen, saftigen Braten war stinkendes, faules Fleisch geworden. Den Jäger hielt es nicht länger in der Almhütte. Fluchtartig verließ er sie und hat sie nie wieder aufgesucht.

Die Sage vom Tatzelwurm

In grauer Vorzeit hatte sich auf dem Wendelstein ein Drache niedergelassen. In der eisigen Höhle des Gipfels fühlte er sich wohl, wenn die Sommersonne auf die Felswände brannte. Und bei Frost und Sturm machte er es sich in der Höhle gemütlich, kuschelte sich wohlig ins Eis und genoß die eisige Luft. Drachen lieben es kalt.

Er wäre gerne da geblieben, aber die Menschen machten ihm einen Strich durch die Rechnung. Immer mehr Menschen kamen auf den Berg und mit der Ruhe war es vorbei. Sogar seine Eishöhle wurde ihm verleidet, nachdem immer mehr Menschen eindrangen.

Er musste sich ein ruhiges Plätzchen suchen. Eines Nachts machte er sich auf den Weg und erreichte das Sudelfeld. Und weiter, das wilde Rauschen des Auerbachs wies ihm den Weg. Er freute sich über die Kühle des tosenden Bachs, der in die Schlucht hinabstürzte.

In diese Wildnis würde sich so leicht kein Mensch hineintrauen, sogar eine vom Wasserfall umspülte Höhle fand sich.

Das Paradies für einen Drachen. Doch auch hierher kamen Menschen. Simon Schweinsteiger errichtete bei diesen schönen Wasserfällen des Auerbachs ein Wirtshaus. Ein Schild „ Zum feurigen Tatzelwurm" wurde aufgestellt.

Bis heute ist der feurige Tatzelwurm eine beliebte Einkehr am Wendelstein. Der Drache aber ist verschwunden.

Der Tatzelwurm vor dem Wasserfall

Verzeichnis der Abbildungen

Das Wendelsteinhaus von 1883   11

Bauarbeiten Wendelsteinkircherl anno 1889   15

Die fertige Kirche   15

Wendelinkapelle am Gipfel um 1920   16

Otto von Steinbeis   18

Wendelsteinbahn Bauarbeiten 1910 – 1912   21

Wendelsteinbahn Bausprengarbeiten   21

Eröffnung der Zahnradbahn   22

Die Seilbahn mit „Gacher Blick"   22

Orientierungsplan Wendelsteinhöhle   25

Die Wendelsteinhöhle Eingang   27

Die Schauhöhle interaktive Station Geologie   27

Der Girgl hat sich verstiegen   40

Der Jäger und der Wastl mit der Gams   43

Der Wuiderer Sepp – ein fescher Bursch   45

Jager Hygin versucht den geraden Aufstieg   48

Bertl auf der Jagd nach der weißen Gams   53

Der Pfarrer vertreibt den Teufel   57

Hexentanz vor der Almhütte   59

Der Tatzelwurm vor dem Wasserfall   62